AF250876

Ferdinand ROSSIGNOL

FERDINAND ROSSIGNOL

Fondateur des Sociétés du Travail

FERDINAND ROSSIGNOL

Le Protestantisme français vient de perdre un homme utile, M. Ferdinand ROSSIGNOL, décédé le 10 Septembre dernier.

Depuis quelque temps, il souffrait d'une maladie de cœur dont l'issue fatale et prochaine lui était connue. Déjà l'effort se faisait sentir, ses forces déclinaient, la lutte contre un mal inexorable était visible, mais il avait hâte de se prodiguer encore, de mieux accomplir son idéal, le dévouement à l'humanité, et continuait son œuvre avec une énergie inébranlable. A un ami qui lui recommandait de se ménager, de restreindre sa dévorante activité, il répondit un jour: « Mon cher ami, il ne faut s'arrêter que pour mourir. » Belles paroles qui résument sa vie. Son cœur vaillant n'a jamais connu le découragement, la mort l'a trouvé à son poste.

Le souvenir de cet homme de bien vivra dans le cœur de ceux qui l'ont connu et aimé.

On a dit de lui, avec raison, qu'il avait l'âme trop haute pour pouvoir se confiner dans ses fonctions administratives et s'y consacrer tout entier. Esprit clair et précis, doué d'une faculté de travail extraordinaire, il savait mener tout de front; à l'œuvre tout le jour, et souvent la nuit, ses collaborateurs pourraient en témoigner, il a exercé une action considérable, non seulement dans son milieu, mais encore au loin.

Son abord franc et loyal faisait, dès la première vue, du bien à ceux qui venaient lui demander aide et assistance; leur courage était relevé, ils ne se sentaient plus seuls à lutter, ils avaient trouvé un ami.

S'agissait-il de fonder ou de soutenir une œuvre utile? comme il connaissait le chemin des cœurs, comme il savait par de douces et encourageantes paroles réchauffer les plus froids, les animer de sa chaleur communicative, et les transformer quelquefois en collaborateurs! Une Société s'adressait-elle à lui, manquant de crédit et de ressources, il donnait d'abord joyeusement, largement, plus même qu'il ne pouvait; puis, par de pressants appels, réveillant la conscience de ses membres, il trouvait d'abondants subsides là où d'autres en avaient cherché en vain. Cette force extraordinaire qui ne se démentait jamais, il la puisait à la bonne source; sa charité chrétienne était inépuisable, et lui donnait des ailes pour faire le bien. Généreux et désintéressé, il n'a ambitionné d'autre récompense que celle réservée aux grands cœurs, le bonheur de faire des heureux.

Né à Paris en 1829 et préparé au travail par des études commerciales, Ferdinand Rossignol entrait à quinze ans au service des Messageries Générales ; à vingt ans, il passait au Chemin de fer d'Orléans. C'est là que M. François Bartholoni, un homme de bien, Président du Conseil d'administration de la Compagnie, le distingua, et, pour le mettre à l'épreuve, lui offrit un poste important, presque au-dessus de ses forces : le jeune comptable l'accepta, et ses qualités d'organisateur et d'administrateur y furent si bien mises en lumière, que, peu d'années après, il devint Chef de la Comptabilité au Chemin de fer de Ceinture, et plus tard Régisseur du Contrôle Répartiteur des Chemins de fer.

Fils de ses œuvres, il n'a dû son élévation qu'à son travail, à sa probité, à son inaltérable dévouement au devoir professionnel. Ses employés l'aimaient comme un père, il obtenait tout d'eux par une ferme et bienveillante direction ; ses chefs le tenaient en haute estime, si nous en croyons le témoignage qu'ils lui ont rendu en demandant, et en obtenant pour lui la croix de la Légion d'honneur.

Cette distinction fut accueillie avec une faveur marquée justifiant ce que disait de lui un journaliste :

« Rossignol n'a jamais rien demandé pour lui;
« il avait l'orgueil du désintéressement, un orgueil
« rare et sain entre tous; il a récolté en affection
« vraie ce qu'il a semé en dévouement. »

Entre toutes les fondations qui honorent sa mémoire, en première ligne nous citerons celle de la Société protestante du Travail. Se souvenant de ses modestes débuts et de l'influence exercée sur son avenir par un bienveillant protecteur, il se fit un devoir de rendre à d'autres le service qu'on lui avait rendu. Dès que sa situation lui eut fait acquérir une certaine notoriété, il ne manqua jamais d'aider de tous ses moyens les jeunes gens que leur mérite désignait à sa sollicitude ; aussi, lorsqu'en 1868 il fonda avec quelques amis la Société protestante du Travail, il ne fit qu'étendre et consolider l'œuvre que depuis longtemps il poursuivait avec succès.

Dans la circulaire du 6 mai, en tête de laquelle on lisait :

« *Tu mangeras ton pain à la sueur de ton front* »,

« *Aimez-vous les uns les autres* »,

il s'exprimait ainsi au nom des fondateurs :

« Tous ceux à qui leur position impose de grands
« devoirs, ceux même qui dans une situation modeste
« sont disposés à rendre service voudront seconder

« les efforts de la Société du Travail. Chacun trou-
« vera dans son for intérieur la récompense de ses
« services ; car la Providence, qui imprima dans le
« cœur de l'homme la charité, lui donna aussi un
« bonheur ineffable à faire le bien. »

Cet appel fut entendu, la Société solidement fondée
prospéra. A son exemple, deux autres se fondèrent
en 1871 sous l'influence de M. Rossignol :

La Société du Travail,

La Société du Travail pour le personnel du bâti-
ment.

Unies par un lien de solidarité, ces trois Sociétés, à l'Assemblée générale qu'elles ont tenue le
12 juillet au Palais du Trocadéro, annonçaient à leurs
adhérents que le nombre des personnes auxquelles
elles avaient procuré du travail s'élevait à plus de
quarante-trois mille.

Mais l'activité de notre regretté collègue ne connaissait point de bornes ; bientôt il se vouait à son
œuvre de prédilection, la propagation de l'instruction
et de l'éducation populaires.

Fidèle à son origine, le lauréat de l'École supé-
rieure s'intéressait tout particulièrement aux cours du
soir pour les adultes, où les jeunes gens studieux
viennent se perfectionner et puiser dans l'étude les

éléments de leurs succès futurs. Membre actif de la Ligue de l'enseignement, il fondait successivement l'Association philotechnique de Boulogne-sur-Seine, celle de Clichy-la-Garenne, et, avec d'utiles collaborateurs, celles de Foix, de Saint-Brieuc, d'Arras et de Lille, en y joignant des bibliothèques populaires.

C'est aussi à M. Rossignol qu'est due l'Association amicale des membres de l'Association philotechnique. Les palmes de l'Instruction publique qu'il était fier de porter, il les avait bien gagnées.

Secrétaire en 1870 du Comité de secours aux blessés, Trésorier du Comité de secours aux victimes de la guerre, membre de la Société de protection des Alsaciens-Lorrains, Trésorier de la Société algérienne et tunisienne d'évangélisation et, pendant un certain temps, de la Société de protection de l'enfance abandonnée ou coupable, fondée par M. Georges Bonjean, il était tout particulièrement dévoué aux intérêts des églises d'Algérie, qui le chargèrent de les représenter aux Synodes généraux, où il remplit plusieurs fois les fonctions de secrétaire.

Nous n'avons pas parlé de la fondation de la Caisse des écoles de Clichy et de bien d'autres œuvres utiles auxquelles il a apporté le secours de son utile collaboration.

Il laisse une œuvre littéraire qui l'a fait recevoir membre adhérent de la Société des gens de lettres, l'*Histoire des Protestants illustres*, en biographies.

Cette courte notice ne donne qu'une faible idée de la prodigieuse activité de Ferdinand Rossignol et ne relève que les faits principaux de cette vie si bien remplie ; elle suffit cependant à le faire connaître et aimer.

8546. — Paris. — Imp. Vᵉ Éthiou Pérou et Fils, rue de Damiette, 2 et 4.